JÄÄKALLOJA KIVIRAJASSA

RIITTA NEVALAINEN

RUNOJA, MAAJALKAISIA

©2021 Riitta Nevalainen
Kustantaja: BoD – Books on Demand, Helsinki, Suomi
Valmistaja: BoD – Books on Demand, Norderstedt, Saksa
978-952-8-0438-29

Haikuva matka talven alisiin
karhunkämmen kohti kinahmoa
ilokiven himmeydessä

poluilla pohjasuru

kulkea kohti
sinussa tiet risteävät
 olet vieras maa

et tiedä nimeäsi
vaikka se on
 minun nimeni

olen kulkenut täällä ennenkin

sinun rantasi ovat
minun jalkani
 syvään uponneet

kiven sylissä näen
mitä ajalla
 oli sanottavaa

tähän vesi palaa
paettuaan
 aamu iltaa ajaa

painuin mereni pohjaan

turkoosi
valaisi lahoavaa

kuin simpukka
haakseeni ryömin

jäin katsomaan
          sanatonta

mykkänä säteilin

ryhdyin maisemanvartijaksi

taivas hehkui
vuodet kasvoivat hiljaisiksi

metsä raotti unta
uni raotti taivasta

piirsin mereni seinää

maisemankehrääjän
silmät sain
        kuuntelin värejä

muuttivat myöhäiset linnut
sisääni asumaan

murtui musteella sininen
opin laulamaan
        ylsin indigoon

aleatorinen laatikko olin

kävellä päivien yli
keskeneräisten surujen
                rahinaan

muistaa jo haudatut
naurun puhkaisemat silmät

piirtää iholleen
        haavojen paikat

kasvoni savessa
kiekko

neula uurtaa
          rahisten
vanhaa iskelmää

hautajaisvirteen
soimaan

ei luoksein jää

jään vielä tähän
yö vihmoo uuden sateen

hetken asuntoon

tuntematon mies
Ylä-Ruthin kuppilassa

katsoo silmiin
langettaa tuomion

naurusi on tyhjä kohtalosi

upottaa toiseuden harha
ei katkea surujesi nauha

elämän kieppuvan kierän
vain tahtosi pysäyttää

katsoi tuntematon
sanat unohtuivat

Ylä-Ruthille
nuoruuden hälinään

löysin talveeni
löysin kylmän sävelen

oli ilo kirkas

valo painaa horisonttia

tähän syvään
sinisiä viiltoja

kieppuu ikuisuuden
pakoveden aalto

kulkee mukana suru
        nauhana

lumi laulaa virren
        vielä jäälle

yö jäätyi ajatukseen
sen kantavaan

riitteeseen

kylmänrankaan
luunkalpea
          kiinnittyy

nostaa päivän
mustille koskettimille

valkoisilla
lumen askeleita

tapailee
          talven aliseen

sanat löytävät maisemansa
silmät vaikenevat

tunnustan käyneeni kuussa

uneen vangittu maa
kääntää kylkeään

kuivan yskän nielee
ei kuumetta
ei koronaa

kaipaa huomiseen
kaipaa entiseen

odotan uuden aallon
seitsemännen aallon lasken

nousuveden keinuun
pitkän harjan murtumaan

antaudun

kuplivan rytmin
kohinaan

kivuttoman veden syliin

muutokseen

uuden aallon
valjastan

ja kiinanmuurin
vielä rakennan

riippalintu öisin
laskee tavuja valoon

haikuva aamu

jättää aika
seisoo hetken

en halua olla kevyt

pian uppoavat
säihkyvät sanat

meri veden unohtaa

17

äänet nostavat aaltojaan
seuraavalla sivulla
      tie kohoaa

vastatuuleen

metsä virtaa talojen kupeilta
syvemmälle kaupunkiin

putoaa aika

ei löytänyt metsä minua
eksytti vieraan
        ajatuksen

lapsuuteen ei kuulunut
mustavalkoista kuvaa

vain huminaa hirsien raosta
haaleansininen haudutuslaatikko

nostaa kuvioita
ruosteiseen kolinaan

sivallukset soivat

koillinen hiljaisuus

hämäryyttä aamu näykkii
vältellen korkeaa kajoa

itäinen hiljaisuus
päivä kuultaa hämärässä hetken

(sanat jäätyvät tähän)

silokallion otsalla
karhea jäkäläkruunu

veden uurtama käsi
upottaa ajatuksen

syvyydessä

mateen varjo
      kalahtaa

kaiken näkevä
häikäisevä sokeus

voiman kokoaa

indigoon pysähtyy
　　　sininen
grafiitilla piirtää
pelkistyy timantteja
　　　horisonttiin

kulkisin sinne asumaan
hiilikimpaleen allotropiaan

avaraan armonpesään

- valon rapina luihin asti särkyvä -

et tiennyt, että nukahdin uneesi
mutta se kahahdus

sai sinut tarkkailemaan lintuja
pihallamme

nyt sinä kuljet
perässäni kuin laahus

kuviteltu tuntematon
                    elävä

työhuoneeseen matkaa
ajatus jäähtyy mutkiin

yönvaloinen kuu
se lumen hartioille

usein unohtuu

keskenjääneitä sonaatteja
                    harhailijoilta

käyttämättömiä tahteja

unien sivuilta
marginaalit

painopisteen painoon
ajatus

kääntää nurjan
puolensa

kivessä linnun
aika - kalasta jälki

ruoto rannalla

aika on kivi
merestä noussut valo
    sielun jääkurppa

jylhän punahehkuinen
Glassillaun kiveä on

levoton kieppuu
maisemansa kadottaa

raunioilla jää

koettelee draamaa
sen kaareen pakottaa
          sanoja

ei anna lupaa leimahtaa

katseen viiltävä siivenisku
haukan kuolema

vastahankaan
maisema hahmottuu
    epäillen

parittomat jalat rannalla
machairin ja veden välissä

väsynyt aamu
koiran unelias katse

varoo valkean hevosen
näkee taivaan

yltää mereen

äkkisyvän kaula
kivien taskuja etsii

kävelee pohjaa

samean läpi
muraiseen valoon

löytyy kylmästä koti
hetkestä lopullinen

jään alla
kivi veden hengittää

talveen liikahtaa

nukuin jäiseen veteen
sammuin ranteeni auki
    en löytänyt pohjaa

hengitti pintaan
    musta jää

olin kolmentoista
lumi oli satanut maahan
    vaikka heräsin

jäärajassa kivi
talvi tahtoo asua

ulkoluodolla

eihän se ketään koskettaisi

painaisi tyynyn kasvoilleen
viiltäisi ranteensa silmukkaan

nielisi särkyvän tabletin

lakkaisi keinumasta
kahleiden kiikussa

hyppäisi syvälle radalle
piippua silmäillen

upotessaan
huutaisi vain

kansi kiinni, Pandora!

sanat seisovat
mykkinä - kuvan takaa

arpi muiston lyö

muisti valikoi
kipeät taakse, ilo eteen

painaa kuvaksi
lämmin kylmää vasten

mekossa kukkia, sinistä iloa
äidillä nahkavyö
    muistissa sydän
    hakkaava lyö

tuulenkääntäjän
silmässä jääsirpale

aika valoton

sen muistaa vaikka
halusi unohtaa

ja se ahdistaa

remmit ja henkarit
heiluvat yhä

hankalan
naulakossa

lapsuuden vihaan
asettuneet

vielä kipeää tekevät
niin vain tekevät

runossa valo
helmoja kääntää käsi

kylmän neulalla

neulat kulkevat
vanhoilla lakanoilla
koruompeleiden polkuja

syyllisyys painaa kuvioita
ruusujen piikeistä
       ohdakkeista

häpeänharmaalla
lyijylangalla
       terävin pistoin

perintöarkkuihin
sieluja paikataan

vaikenemaan

kevyen häpeän
kannattelee yhteinen

taito salata

uuden kuun linnuilla
naisen siivet

lento neulan läpi tarkka
katseen terä
pistää esiin

liinan taskuun
jäävät

ikiaikaiset aikomukset
suureen sovintoon

käänny jo valoon
sinä muhkurainen päivä

tuulensilmuinen

astuin itseni viereen
jäin siihen ja katselin

meri lahosi alta
tähdet sumuja haroivat

nousi poukamaan
patsaaksi rastas
        siipensä särkenyt
Turdus Solitarius

ei elämän vettä löytänyt
tähtiä koluten

nyt voiko missään maailmassa

elää kuivalla ulapalla
itsensä uhraten?

sammumatta koskaan
päivät itsestään selvät

löytävät ulos

katse sulaa kaukaisuuteen
tuijottaa mennyt olan takaa

puhuu halpa konjakki espanjaa
que no tienes nada sobre eso

silmät verestävät vähästä levosta
kopisevat epätahtiset askelet

aamuyön kadulla
humalan kortteleissa

pyytää vielä yhtä
un cortado por favor

- sanat repsottavat pitkin pöytää, eivät mahdu paperille -

jäi hautomatta
siivetön ajatus

mielen synkkyyden
julman saappaan alla

punaviinilaatikossa
calvadospullon kupeessa

asumus unohdukseen

sata askelta
juomattomuuteen

kannatti kävellä

vaikka vielä löytävät
askelet varjonsa

susien suista

sivuraiteilla

kuvitellut katseet
syyttävät ihoon reikiä

salaamisen vaikeus
antaa valheelle luvan

valkoisena
tämän kerran

seuraavalla asemalla
syyllisyys nousee

oman tyhjyytensä
odotushuoneeseen

yksin junaan mykkänä
jää häpeä ilman syliä

epäilys pudottaa aseensa

sivuraiteilla
otan vielä tämän

etsin mieleni kerroksia
Salomen huntujen takaa

surun vadille

ei kuulunut
huonoa omaatuntoa

kolkuttamaan

jääkalloja kivirajassa
maisema pysähtyy

kuolleiden saareen

tyhjän tuulen pesä
taivasalla

hontelo hengenluoma
muistojen asunto

itäistä pituutta
unohtumattomiin

olen niitylle
nouseva tanssi

sahraminkeltainen epäily
murretun värin henki

tämä täytyy tietää
lämpimän väristä
toivon hiekkaisesta jyvästä

lentoon kiertyvistä käsistä
oranssin lumosta

hyvän kosketuksesta

simpukkahiekan
kaistaleella
      valkea hohde

nousuvesi huuhtoo
eilisen sanoja
      peittelee alleen

jättää kielelle

vääntyneen diftongin
nuoruuden murteesta

aika on musta kuin
suola mummon suussa

hoavoin haota

vieraan kuun aamu
kadonneen haahkan henki
utuun hajoaa

herättää vaiteliaan
luunkerääjän arvokkaan

yön kannella kimmel
taivaan karhua kumartaa

voimansa valjastaa

vaimea tila
alkaa soida

syntyvät värit

sopraanonkorkeat
          tähdet

lohkeaa syvyyteen
musiikki

hengittää
elävän peilin

arka viirulintu
vierautensa unohtaa

säkeittensä sieluun

mikä raskas paikka elää!
sukupuuttoon kuolleen
          siivetön hengitys

aika lähteä
päivän taakse
          linnunluihin

munankuoren muotoiseen
hetkeen asumaan

pakoton mieli
levottomiin säveliin

lumoutuu varkain

pyörteen askeliin
        rujo tanssii

herää kivessä tahto
puristuu aika voimaksi
        tähän hetkeen

murenee kvartsi pölyksi
säkenöi silmä uuden värin

rampa jalka nousee
kirjoo kepeän kannen

kulkee aika
lumoukseen

korkeita taloja
yön leveydeltä

muukalaisten ohi
        risteyksiin

kasvot katoavat
lävistyvät seinät

nurkantakaiseen
tuoksuun

tarunomainen

ravistaa rantaniityn
ojan takaa aamu nousee

maajalkainen lentää

syvään lentävä tuuli
sunnuntain jalkoja
huuhtoo

Rutjanmerelle
toisen meren vedet
painautuvat

pakovesi paljastaa

muinaisen metsän
merikantoja

tuo ajatukseen
jo hukkuneen

Ilokiven himmeyteen
pohjasurun pyörre

putoaa
    palavaan virtaan

piirtävä käsi kohottaa oksan
puristuu maisemaan
    näkymätön

viileyttä häilyvä tähti

kuolleista rakkaimmat
kulkevat mukana

railojen reunaa

avaan raskaimman oven

tämä talo on suru, jonka ovea
en ole sulkenut

se sulkeutui itsestään
kauan sitten kun

äiti tappoi poikansa
ja sitten itsensä
ei nähnyt muuta keinoa

tämä talo on suru, johon
en ole osannut kulkea

nyt kiipeän kerroksiin
hengästymättä

avaan ikkunan ja näen
toiseen koleuteen

kaukaisen rannan
sieltä matkannut
pakoveden alla

- vihan linnut lentäneet - jaloissa surun siivet -

kuolleet puhuivat eilen

hiljaisuutta pitkin
etäiset soinnut

kuolleet puhuvat tänään
ei kiinnity menneisiin
ikkuna kaukaa auennut

muistot häilyvät

kuolleet puhuvat
kuuntelen korppeja

uinut turkoosin veden

kulkenut meren pohjaa
simpukan kuoreen herännyt

en helmeksi hioutunut

löysin kiveni sisään
             asumaan

suruni uurteisiin
tuijottamaan

kuolemanlaakso
vain valituille

vaikeakulkuiseen maastoon
ei kartanmerkkejä

tiet päättyvät erämaihin
kallionkielekkeille kylät

harhailevat polut
solmuja muurin varjoon

sinisten puiden niitylle
ei rajamuodollisuuksia

lintuvuorelle nousee

maasta irronnut
suruun uponnut

näkee kuinka
suula surunsa hukuttaa

sulavan suulan
surujenhukuttajan
muodon saa

kirkkaan veden läpi
kellanvalkean
nokkaisen hahmonsa
            upottaa

sukeltaa nopean
ymmärryksen
            Atlantin alle

jää merilaseihin
kirkastumaan

on riittämätön
tarpeeksi hyvä tänään

maajalkainen laulaa

pudota yötaivaalle
      häiritä untaan

heilahtaa suunniltaan
luhistua voimastaan

sataa lumena kuuhun

Suuri Magellanin pilvi
Tarantellasumu

itsestään syntyvän tähden hehku

syntyä uudestaan
pudota aamujen taivaalle

veden valo
helmeilee taikoja

kohisee virta
   väkevän indigon
elämänmereen

katoavan onnen
   kaivo kuivuu

kuun haavalla
totuus kädessäsi

niin kuin tähdet
       sisälläsi

hengitystä vasten
etäisyydet muuttavat

jääsolmuja jää
pimeää kuuta vasten

lumitähtiä näkyviä

kirkkaat otsat
polyfonian seinällä

katse taikoo
karhennetun totuuden

tämä fragmentti
on soinut jo kolmesti

valojen syvänteessä
varjoja pitkin aavistus

lyö laineitaan

kadota unensa jälkiin
odotusten huoneisiin

okraisen tuulen sekaan
pölyävälle aavikolle

löytää silmät

leijonanhahmoiseen
huomiseen

EPILOGI

ENOJEN ILTA

Kesämatkalla kalottiin pysähdymme Koistisen kanssa enojeni syrjäiselle, entisaikaan unohtuneelle pientilalle yötä pitämään. Enoni asuttavat näitä isältään perittyjä tiluksia; alkuperäisasuista rintamamiestaloa muine piharakennuksineen ja rantasaunoineen. Yläpihalta avautuu jyhkeän ylevä rantamaisema korpijärvineen, ilta hengittää mutkatonta kuulautta. Kainuun syrjäisessä sylissä alkukesän ilta jo hieman natisee. Alavireisyyteen pingottunut enojeni keskinäinen kinastelu tahtoo rikkoa rauhan idylliä.

Serkkuni lapsineen saunovat alempana rannassa ja toinen enoistani, Pekka, puuhastelee omiaan pihalla seisovassa, asunnoksi muunnellussa, vanhassa kauppa-autossaan. Vilkkaampi enoistani, Hente, pitää meille seuraa pihakeinussa iloisesti jutustellen. Seurustelu kuljeksii luontevan kepeästi, ilta kuultaa vaaleana kuten näillä korkeuksilla kesäillat vain osaavat. Asuntoautossaan tärkeänä värkkäillyt Pekka päättää liittyä iloiseen seuraamme ja siihen kohtaan käännetään keskustelussa hieman ruuvia. Hente äityy heti leipomaan itselleen edullisempaa asemaa ystäväni silmissä. Pekan vielä miettiessä siirtoaan tunnelma jo hieman rusahtelee. Ripaus happamuutta äänessään Pekkaa osoittaen Hente tuhahtaa paheksuvasti: "Tuokin tuossa se teki eilen muka itsemurhan! Ja phhöh!"

Tilanteen järjettömyyttä epäuskoisina todistaen Koistinen ja minä jähmetymme varsin sanattomina istuimillemme. Pekka saa oitis kasaan vaikuttavan vasta-argumenttinsa. Loukkaantuneisuus äänestä tihkuen ryhtyy inttämään: "No niin teinkin! Kyllä varmasti teinkin!"

Kesäilta korahtelee hetken, nukahtaa sitten loputtoman valon pehmeään keinuun.

Nyt jo edesmenneet enoni, ikuiset nahistelijat, vielä venkoilevat tällä epäsovun jakamalla hiekkalaatikollaan aikansa. Lasien liiallisen kallistelun ja avioeroilla solmeiltujen elämänvaiheiden murjomina, yksinäisyyteensä asettuneina veljekset jatkavat tätäkin ikuista paremmuuden asemointiaan kunnes muuttavat tahoilleen; toinen omasta tahdostaan, toinen tahdostaan riippumatta.

Elämä kulkee vielä verkalleen molempien ohi useita vuodenkiertoja. Sitten säälimätön syöpä luikertelee kumpaisenkin iltaan, vie lopulliseen uupumukseen ensin Pekan, joitain vuosia myöhemmin myös Henten.

SISÄLLYS